짧은 이야기

예쁜 동시로 배우는

어린이 중국어 리딩북 1

김명섭, 김은정, 이현숙,
예리칭(叶丽清), 왕춘잉(王春英) 공저

J PLUS

CCCCCC

'마중물이고 노둣돌이 되기를 바라는 선생님들의 마음을 담은 책'

사람들은 중국어를 21세기 언어라고 합니다. 이제 중국어는 영어만큼이나 중요해져서 우리가 꼭 배워야 할 언어가 되었습니다. 최근에는 한·중 협력관계가 그 어느 때보다도 우호적으로 발전하면서 한중 2020비전을 선포하여 차세대의 주인공인 여러분들에게 거는 기대가 크고 그만큼 기회가 많다고 여겨집니다. 따라서 세계 경제의 중심으로 거듭나고 있는 중국 대륙을 향한 열정과 비전을 품기 위해서는 중국어는 반드시 알아야 할 언어가 되었습니다.

이 책은 중국어 읽기 교재입니다. 동시, 창작 동화, 전래 동화, 우리 주변의 생활 모습을 소재로 한 다양한 읽을거리들로 꾸며졌습니다. 언어를 익히는 데는 읽기가 무엇보다 중요하므로 내용을 여러 번 반복해서 읽다 보면 자연스럽게 문장을 익히게 됩니다. 특히, 본문 내용은 운율감을 살린 시형식으로 표현하여 문학의 아름다움까지 함께 느끼며 자연스럽게 중국어에 빠질 수 있도록 구성했습니다.

선생님들은 중국 현지생활에서 느낀 점을 바탕으로 국내외에 있는 학생들에게 세계의 중심으로 함께 발전할 중국과의 소통을 위해 조그마한 도움을 주고자 틈틈이 책을 썼습니다. 모쪼록 선생님들의 열정과 여러분을 향한 사랑이 담긴 이 책이 부디 여러분의 꿈을 퍼 올리는 한 바가지의 마중물이고 나아가 여러분의 꿈에 날개를 달아주는 노둣돌이 되기를 소망합니다.

그리고 이 책의 발간을 위해 창의적인 생각을 보태 책이 더 빛이 나게 도와준 김다솜, 김다은, 이상권, 최소선 학생에게 고마움을 전합니다.

끝으로 중국어 책으로 학생들에게 꿈을 심어주기 위해 노력하는 제이플러스 이기선 실장님, 편집부 여러분께도 깊은 감사를 드립니다.

한국인 저자 일동

'为你们的汉语学习增添乐趣'

学习语言需要阅读，更需要朗读，而诗歌是最适合朗读的。美国现代诗人佛洛斯特曾经说过："读起来很愉快，读过了以后又觉得自己聪明了许多的，就是诗。"为了用汉语向韩国青少年朋友们展现诗歌的魅力，我重新翻开了小时候的笔记本，为大家寻找有趣的素材，潜心创作、修改、再创作。可以说，现在呈现给大家的大部分是我的心血之作。希望这本书能成为大家常读、常朗诵的朋友，也希望它为你们的汉语学习增添乐趣。当然本人水平有限，如果书中有不足之处，欢迎你跟我反映，谢谢！

我的电子邮箱是：ylqhelen@gmail.com，预祝大家汉语学习顺利！

叶丽清

'여러분의 즐거운 중국어 학습을 위해서'

언어를 배우는 데는 독해가 필요하고, 더 중요한 것은 낭독이며, 시는 낭독하기에 가장 적합합니다. 미국의 현대시인 Robert Lee Frost는 "읽으면 즐겁고 읽은 후에 또 자신이 많이 똑똑해졌다고 생각되는 것은 바로 시다."라고 말했습니다. 중국어로 한국의 청소년들에게 시의 매력을 발견하게 하기 위하여, 저는 어렸을 때의 공책을 펼쳐서 여러분이 좋아할 만한 소재를 찾고 온 힘을 다하여 글을 쓰고 수정하고 다시 창작하였습니다. 지금 여러분에게 보여 드리는 것의 대부분이 제가 심혈을 기울인 작품이라고 말할 수 있습니다. 이 책이 여러분이 늘 읽고 낭독하는 친구가 되기를 바라며, 여러분의 중국어 학습에 있어서 재미를 더해줄 수 있기를 바랍니다. 당연히 본인의 능력에 한계가 있을 수 있으며, 만약 책에서 부족한 부분이 있다면 여러분이 저에게 알려주길 바랍니다. 저의 이메일 주소는 ylqhelen@gmail.com이며, 여러분의 중국어 학습이 순조롭게 이루어지길 바랍니다.

예리칭

> 이 책은
> 중국의 한국학교 및 국제학교에서 중국어를 가르친 현직 선생님들의
> 오랜 현장 강의 경험과 생각이 담겨 있는 책입니다.

 리딩북에는 중국어에 대한 지속적인 관심을 갖고 공부하기를 기대하는 부모님과 선생님의 바람을 담았습니다.

- 짧은 글로 구성되어 있어 중국어에 대한 친밀도를 높이고, 리듬감이 있어 학습에 대한 흥미를 높일 수 있습니다.
- 짧은 대화체에서 벗어나 한 단계 더 나아간 문장 학습으로 심화시킬 수 있습니다.

 탄탄한 구성으로 재미있게 중국어의 매력에 빠질 수 있게 만들었습니다.

본문
일상생활이나 주변환경, 가족애, 동물, 상상과 모험의 세계 등 학생들의 흥미와 관심을 끄는 소재로 다양하게 구성했습니다.

생각해 보세요
책을 읽기 전에 본문의 주제와 관련하여 생각의 길을 열어 주어 흥미를 불러일으키고 학습의 동기부여를 하고자 합니다.

MP3 QR
상해 현지 녹음. 본문과 단어, 이렇게 말해보아요 등이 충실히 수록되어 있습니다.

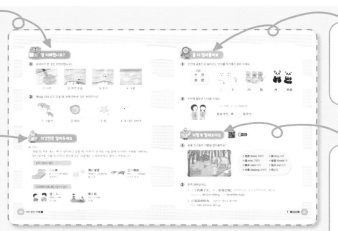

잘 이해했나요?
전체적인 흐름을 파악하고 있는지를 확인하는 부분으로 주제에 자연스럽게 접근합니다.

좀 더 알아볼까요
새로 나온 단어를 제대로 익혔는지 다시 한 번 확인하여 자기 것으로 만듭니다.

이것만은 알아두세요
본문과 관련되거나 혹은 기초 중국어 단계에서 꼭 알아야 하는 문법적인 부분을 다루었습니다.

이렇게 말해보아요
본문 내용과 관련하여 확장된 단어를 소개하고 보충 단어를 활용한 문장으로 단어의 단순한 습득에서 벗어나 이를 활용할 수 있는 능력을 길러줍니다.

부록-회화 암기 카드
떼어서 들고 다니며 외울 수 있는 본문 암기용 카드입니다.

 워크북은 병음, 단어, 문장 및 주요 표현을 두루 학습할 수 있는 다양한 형태의 문제로 구성하였습니다.(별매)

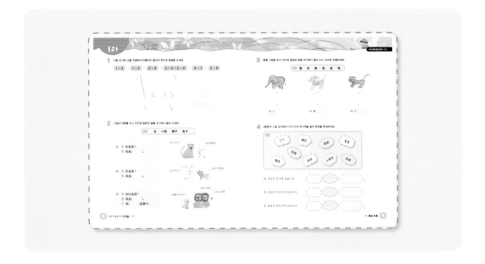

◉ 자세한 해설과 유익한 정보는 학생들의 이해력을 높여 줍니다.

◉ 그림과 문장을 통해 책의 내용을 복습하고 응용함으로 재미있게 익힐 수 있습니다.

◉ 학부모와 교사는 시험 문제를 통해 학습 목표 도달도를 객관적으로 판단할 수 있습니다.

1 两只小狗

생각해 보세요
잔잔한 강물 속에는 산도 있고 나무도 있고 집도 있습니다. 강물이 거울처럼 세상을 비춰주기 때문이지요. 그럼, 강아지는 강물 속에 비친 자신의 모습을 보고 어떤 생각을 했을지 상상하며 이야기를 읽어보세요.

有一天，
小狗走到小河边，河里也有只小狗。
小狗问："你是谁？"
河里的小狗说："我是你的影子。"

第二天，
小狗走在太阳下，身后又有只小狗。
小狗问："你是谁？"
身后的小狗说："我也是你的影子。"

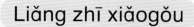 **Liǎng zhī xiǎogǒu**

Yǒu yì tiān,
xiǎogǒu zǒudào xiǎohébiān, hé li yě yǒu zhī xiǎogǒu.
Xiǎogǒu wèn: "Nǐ shì shéi?"
Hé li de xiǎogǒu shuō: "Wǒ shì nǐ de yǐngzi."

Dì èr tiān,
xiǎogǒu zǒuzài tàiyáng xià, shēnhòu yòu yǒu zhī
xiǎogǒu.
Xiǎogǒu wèn: "Nǐ shì shéi?"
Shēnhòu de xiǎogǒu shuō: "Wǒ yě shì nǐ de yǐngzi."

 단어

只	zhī	마리(주로 동물을 세는 단위)		谁	shéi	누구
小狗	xiǎogǒu	강아지		影子	yǐngzi	그림자
走到	zǒudào	~에 다다르다		又	yòu	또, 다시
小河边	xiǎohébiān	강가		身后	shēnhòu	뒤쪽
也	yě	~도, 역시		太阳	tàiyáng	해, 태양

잘 이해했나요?

1 강아지가 본 것은 무엇이었나요?

① 나무

② 자기 모습

③ 친구

④ 구름

2 해님을 따라 걷고 있을 때, 뒤에 따라온 것은 무엇인가요?

① 그림자

② 태양

③ 별

④ 또 다른 강아지

이것만은 알아두세요

● 양사

'연필 한 자루' 또는 '책 두 권'이라고 말할 때, '자루'나 '권'처럼 사물 앞에 쓰이면서 수량을 나타내는 말이 있어요. 이를 '양사'라고 하는데 모든 사물에는 그 특징에 맞는 양사가 쓰인답니다.

숫자＋양사＋명사

一张床
yì zhāng chuáng
침대 하나

两颗星星
liǎng kē xīngxing
별 두 개

三块橡皮
sān kuài xiàngpí
지우개 세 개

지시대명사(这, 那)＋양사＋명사

这个人
zhè ge rén
이 사람

那条蛇
nà tiáo shé
저 뱀

1 빈칸에 공통으로 들어가는 단어를 보기에서 골라 쓰세요.

보기
个　只
也　还

三 ☐ 羊　　四 ☐ 猫　　两 ☐ 熊猫

2 빈칸에 알맞은 단어를 쓰세요.

너는 학생이고, 나도 학생이야.

你是学生，我 ☐ 是学生。

 이렇게 말해보아요   🎧 03

1 동물 친구들의 이름을 알아볼까요?

- 老虎 lǎohǔ 호랑이
- 狼 láng 늑대
- 猫 māo 고양이
- 老鼠 lǎoshǔ 쥐
- 狮子 shīzi 사자
- 兔子 tùzi 토끼
- 大象 dàxiàng 코끼리
- 鸡 jī 닭

2 함께 읽어보아요.

1 大象的鼻子长，兔子的尾巴短。 코끼리의 코는 길고, 토끼의 꼬리는 짧아요.
　 Dàxiàng de bízi cháng, tùzi de wěiba duǎn.

2 猫很喜欢吃鱼。 고양이는 생선을 좋아해요.
　 Māo hěn xǐhuan chī yú.

② 一二一二上学去

생각해 보세요
딩딩은 매일 아침 늦게 일어나서 엄마에게 꾸중을 듣기도 하고, 지각을 해서 선생님께 야단을 맞기도 해요. 그래서 올해 목표를 '일찍 일어나기'로 마음먹었는데, 딩딩의 바뀐 모습을 살짝 들여다볼까요?

刷刷牙，上上下下；
洗洗脸，左左右右；
梳梳头，前前后后。

穿上衣服走出门，
太阳公公对我笑，
一二一二上学去。

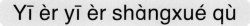

Yī èr yī èr shàngxué qù

  04

Shuāshua yá, shàng shàng xià xià;
Xǐxi liǎn, zuǒ zuǒ yòu yòu;
Shūshu tóu, qián qián hòu hòu.

Chuānshang yīfu zǒu chūmén,
tàiyáng gōnggong duì wǒ xiào,
yī èr yī èr shàngxué qù.

단어 05

▶ 上学	shàngxué	등교하다
▶ 刷牙	shuā yá	이를 닦다
▶ 洗脸	xǐ liǎn	세수하다
▶ 梳头	shū tóu	머리를 빗다
▶ 穿	chuān	(옷을) 입다

▶ 衣服	yīfu	옷, 의복
▶ 出门	chūmén	집을 나서다
▶ 公公	gōnggong	할아버지
▶ 笑	xiào	웃다

1 이 글은 언제 일어난 일을 쓴 것인가요?

① 학교 가기 전   ② 점심 시간 후   ③ 집에 돌아온 후   ④ 잠자기 전

2 이 글에 나타난 주인공의 기분은 어떠한가요?

① 生气   ② 快乐   ③ 担心   ④ 伤心

3 학교 가기 전에 한 일을 순서에 맞게 쓰세요.

①   ②   ③   ④   ⑤

 이것만은 알아두세요

● 对

중국어는 우리말처럼 '은/는, 이/가'와 같은 말이 꼭 필요한 것은 아니에요. 하지만 '~에게'라고 말할 때는 개사(전치사) '对'가 꼭 필요해요.

 老师对我说，我最近学习有进步。
Lǎoshī duì wǒ shuō, wǒ zuìjìn xuéxí yǒu jìnbù.
선생님께서 최근에 나의 성적이 향상되었다고 말씀하셨어요.

 妈妈对我笑了笑。
Māma duì wǒ xiàole xiào.
엄마가 나를 보고 웃으셨어요.

좀 더 알아볼까요

1 서로 어울리는 것끼리 선으로 연결하세요.

刷 •	• chuān yīfu •	• 牙
洗 •	• shuā yá •	• 衣服
穿 •	• xǐ liǎn •	• 脸

2 빈칸에 공통으로 들어가는 한자를 본문에서 찾아 쓰세요.

| □ 袜子
wàzi
양말 | □ 裤子
kùzi
바지 | □ 皮鞋
píxié
가죽 구두 | □ 裙子
qúnzi
치마 |

이렇게 말해보아요

 06

1 일상생활을 나타내는 표현을 알아볼까요?

 洗手
xǐ shǒu
손을 씻다

 穿鞋
chuān xié
신발을 신다

 戴帽子
dài màozi
모자를 쓰다

 扎头发
zā tóufa
머리를 묶다

 戴手表
dài shǒubiǎo
시계를 차다

 撑雨伞
chēng yǔsǎn
우산을 쓰다

2 함께 읽어보아요.

1 吃饭以前先要洗手。 밥 먹기 전에는 먼저 손을 씻어야 해요.
　Chī fàn yǐqián xiān yào xǐ shǒu.

2 天冷的时候头上要戴帽子。 날씨가 추울 때는 머리에 모자를 써야 해요.
　Tiān lěng de shíhou tóu shàng yào dài màozi.

③ 地球 — 大家庭

생각해 보세요

태양계의 세 번째 행성이고, 45억 살 된 지구를 우주에서 바라
보면 흰 구름이 보이고 구름 아래에는 푸른 바다와 넓은 대륙의
모습을 볼 수 있어요. 우리가 살고 있는 아름다운 이곳, 지구를
왜 대가족이라고 하는지 생각하며 글을 읽어보세요.

地球是个大家庭，
蓝天是白云的家，
树林是小鸟的家，
小河是鱼儿的家。

那么，泥土是谁的家呢？

Dìqiú – dàjiātíng

🎧 07

Dìqiú shì ge dàjiātíng,
lántiān shì báiyún de jiā,
shùlín shì xiǎoniǎo de jiā,
xiǎohé shì yúr de jiā.

Nàme, nítǔ shì shéi de jiā ne?

단어 🎧 08

地球	dìqiú	지구
大家庭	dàjiātíng	대가족
蓝天	lántiān	푸른 하늘
白云	báiyún	흰구름
家	jiā	집
树林	shùlín	숲
鸟	niǎo	새
鱼儿	yúr	물고기
那么	nàme	그러면, 그렇다면
泥土	nítǔ	흙

잘 이해했나요?

1 鱼儿의 집으로 알맞은 곳은 어디인가요?

   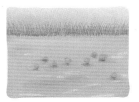

① 蓝天　　　　② 树林　　　　③ 小河　　　　④ 泥土

2 동물과 사는 곳이 바르게 연결된 것을 고르세요.

① 狮子 − 蓝天　② 鱼儿 − 树林　③ 鸡 − 小河　④ 蚯蚓 − 泥土

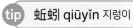

tip　蚯蚓 qiūyǐn 지렁이

이것만은 알아두세요

● 的

'的'는 꾸며주는 말로 사람이나 사물 앞에 쓰여 '~의', '~하는'의 뜻으로 써요.

명사＋的＋명사

妹妹的书包
mèimei de shūbāo
여동생의 가방

一班的同学
yī bān de tóngxué
1반 친구

형용사＋的＋명사

漂亮的衣服
piàoliang de yīfu
예쁜 옷

可爱的小狗
kě'ài de xiǎogǒu
귀여운 강아지

동사＋的＋명사

昨天看的电影
zuótiān kàn de diànyǐng
어제 본 영화

最喜欢的季节
zuì xǐhuan de jìjié
가장 좋아하는 계절

좀 더 알아볼까요

1 두 단어의 관계를 보고 부등호(>, <)를 사용하여 크기를 표시하세요.

① 蓝天 ☐ 白云   ② 小鸟 ☐ 树林   ③ 鱼儿 ☐ 小河

2 다음과 같은 가족의 형태를 나타낸 단어를 본문에서 찾아 쓰세요.

我家有六口人。有爷爷、奶奶、爸爸、妈妈、弟弟和我。
Wǒ jiā yǒu liù kǒu rén. Yǒu yéye, nǎinai, bàba, māma, dìdi hé wǒ.

이렇게 말해보아요   09

1 사는 곳이 다른 여러 동물을 알아볼까요?

● 松鼠 sōngshǔ 다람쥐
● 狐狸 húli 여우
● 熊 xióng 곰

● 蚂蚁 mǎyǐ 개미
● 蚯蚓 qiūyǐn 지렁이
● 鼹鼠 yǎnshǔ 두더지

● 海豚 hǎitún 돌고래
● 鲸鱼 jīngyú 고래
● 鲨鱼 shāyú 상어

● 金鱼 jīnyú 금붕어
● 蜗牛 wōniú 달팽이
● 鳄鱼 èyú 악어

2 함께 읽어보아요.

1 你知道鲨鱼和鲸鱼有什么不一样吗？ 너는 상어와 고래의 다른 점이 무엇인지 아니?
Nǐ zhīdao shāyú hé jīngyú yǒu shénme bù yíyàng ma?

2 我在动物园看过熊的表演。 나는 동물원에서 곰이 공연하는 것을 본 적이 있어요.
Wǒ zài dòngwùyuán kànguo xióng de biǎoyǎn.

4 给爸爸留一串

생각해 보세요

딩딩의 아빠는 회사일 때문에 집에 늦게 돌아오실 때가
많습니다. 하지만 엄마와 딩딩은 맛있는 음식을 먹을 때나
좋은 곳에 갈 때나 항상 아빠를 생각한답니다. 오늘은 아
빠를 위해 무엇을 해드리면 좋을까요?

我和妈妈坐着吃葡萄。

我吃一颗，

妈妈吃一颗。

爸爸不在家，

给他留一串。

Gěi bàba liú yí chuàn   10

Wǒ hé māma zuòzhe chī pútáo.
Wǒ chī yì kē,
māma chī yì kē.
Bàba bú zàijiā,
gěi tā liú yí chuàn.

 단어   11

▶ 留 　liú 　남기다　　　　▶ 葡萄 　pútáo 　포도
▶ 串 　chuàn 　송이　　　　▶ 颗 　kē 　알, 방울
▶ 坐 　zuò 　앉다　　　　　▶ 给 　gěi 　~에게
▶ 着 　zhe 　~하고 있다

잘 이해했나요?

1 과일을 먹고 있는 사람은 누구인가요?

① 妈妈和我

② 爸爸和我

③ 爸爸和妈妈

④ 妹妹和我

2 다음 중 이 글의 내용과 일치하는 문장을 고르세요.

① 爸爸不在家。

② 爸爸买葡萄回来了。

③ 给妈妈留一串葡萄。

④ 他们在吃葡萄和苹果。

이것만은 알아두세요

● 着

동작을 계속 하고 있거나 상태가 지속되는 것을 나타낼 때, 동사 뒤에 '着'를 붙여요. '동사+着'는 '~하고 있다'는 뜻이에요.

他们俩在教室里唱着歌。
Tāmen liǎ zài jiàoshì li chàngzhe gē.
그 둘은 교실에서 노래를 부르고 있어요.

她穿着一件漂亮的毛衣。
Tā chuānzhe yí jiàn piàoliang de máoyī.
그녀는 예쁜 스웨터를 입고 있어요.

小胖子坐着打电子游戏。
Xiǎopàngzi zuòzhe dǎ diànzi yóuxì.
꼬마 뚱보는 앉아서 컴퓨터 게임을 하고 있어요.

좀 더 알아볼까요

1 단어의 뜻을 바르게 설명한 것을 찾으세요.

① 留 남기다   ② 给 ~처럼

③ 吃 마시다   ④ 坐 서다

2 다음 뜻에 해당하는 양사를 본문에서 찾아 한자로 쓰세요.

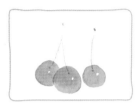 알

 송이

이렇게 말해보아요 🎧 12

1 생활 속에서 쓰는 다양한 양사를 알아볼까요?

双 shuāng 쌍, 벌	个 gè 개	只 zhī 쪽, 짝	支 zhī 자루
两双筷子 liǎng shuāng kuàizi 젓가락 두 쌍	一个人 yí ge rén 사람 한 명	一只袜子 yì zhī wàzi 양말 한 짝	三支铅笔 sān zhī qiānbǐ 연필 세 자루
层 céng 층, 겹	对 duì 쌍	本 běn 권	杯 bēi 잔, 컵
一层奶油 yì céng nǎiyóu 생크림 한 겹	一对双胞胎 yí duì shuāngbāotāi 쌍둥이 한 쌍	两本书 liǎng běn shū 책 두 권	一杯可乐 yì bēi kělè 콜라 한 잔

2 함께 읽어보아요.

1 桌子上放着两双筷子。 탁자에 젓가락 두 쌍이 놓여 있어요.
   Zhuōzi shàng fàngzhe liǎng shuāng kuàizi.

2 姑妈生了一对双胞胎。 고모가 쌍둥이를 낳으셨어요.
   Gūmā shēngle yí duì shuāngbāotāi.

5 漂亮的宝宝

생각해 보세요
여러분! 어릴 적 사진을 본 적이 있나요? 사진 속의 아기는 해맑은 웃음을 짓고 있지요. 그때나 지금이나 여러분은 부모님의 보배입니다. 여러분에 대한 변치 않는 부모님의 사랑을 생각하며 다음 글을 읽어보세요.

夜空中是谁在睡觉呢?
是小星星在睡觉。
树林里是谁在睡觉呢?
是小鸟在睡觉。
妈妈的怀抱里是谁在睡觉呢?
是我们的宝宝呀。

Piàoliang de bǎobao   13

Yèkōng zhōng shì shéi zài shuìjiào ne?
Shì xiǎoxīngxing zài shuìjiào.

Shùlín li shì shéi zài shuìjiào ne?
Shì xiǎoniǎo zài shuìjiào.

Māma de huáibào li shì shéi zài shuìjiào ne?
Shì wǒmen de bǎobao ya.

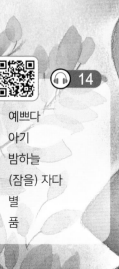

단어 14

漂亮	piàoliang	예쁘다
宝宝	bǎobao	아기
夜空	yèkōng	밤하늘
睡觉	shuìjiào	(잠을) 자다
星星	xīngxing	별
怀抱	huáibào	품

 **잘 이해했나요?**

1 이 글의 시간적 배경은 하루 중 언제인가요?

① 早上   ② 上午

③ 下午   ④ 晚上

2 숲 속에서 자고 있는 것은 누구인가요?

① 小星星   ② 小鸟   ③ 妈妈   ④ 宝宝

3 이 글을 읽고 떠오르는 모습이 <u>아닌</u> 것은 어느 것인가요?

① 숲 속의 지저귀는 새

② 밤 하늘에 반짝이는 별

③ 나뭇가지 위에서 자고 있는 새

④ 엄마 품에 안겨 잠자는 아기의 모습

 이것만은 알아두세요

● 在

동작이 계속되고 있는 상태를 표현할 때에는 '在+동사'의 형태를 써요. 이 때는 '~을 하고 있다'라는 뜻이에요.

我在看电视。
Wǒ zài kàn diànshì.
나는 텔레비전을 보고 있어요.

我在做作业呢。
Wǒ zài zuò zuòyè ne.
나는 숙제를 하고 있어요.

他在踢足球。
Tā zài tī zúqiú.
그는 축구를 하고 있어요.

좀 더 알아볼까요

1 다음 단어에 맞는 우리말 뜻에 ○하세요.

① 夜空   해님   달님   밤하늘   숲 속

② 怀抱   머리 위   손 안   품   어깨 위

2 보기와 같이 서로 짝을 이루는 단어를 빈칸에 쓰세요.

보기
夜空 － 小星星

① 树林 — ☐

② 妈妈的怀抱 — ☐

> tip 夜空에서 小星星이 잠을 자고 있네요.
> 그럼 树林와 妈妈的怀抱에서는 누가
> 잠들어 있을까요?

이렇게 말해보아요

🎧 15

1 사람의 외모를 나타내는 표현을 알아볼까요?

好看
hǎokàn
예쁘다

难看
nánkàn
못생기다

可爱
kě'ài
귀엽다

酷
kù
멋있다

帅
shuài
잘생기다

2 함께 읽어보아요.

1 一位好看的公主喜欢照镜子。 예쁜 공주는 거울 보는 걸 좋아해요.
Yí wèi hǎokàn de gōngzhǔ xǐhuan zhào jìngzi.

2 青蛙变成了一位很帅的王子。 개구리가 잘생긴 왕자로 변했어요.
Qīngwā biànchéngle yí wèi hěn shuài de wángzǐ.

6 好朋友

생각해 보세요

요즘 아이들은 여가 시간에 퍼즐 맞추기, 블록 쌓기, 컴퓨터 게임 등을 하고 놀지요. 그렇다면 엄마, 아빠의 어린 시절에는 어떤 놀이가 있었을까요? 그리고 지금까지도 아이들이 즐기는 놀이에는 어떤 것이 있는지 생각해 보아요.

丁丁和当当,
一对好朋友。

猜拳、跳房子,
玩沙、捉迷藏。

手挽手、唱唱歌,
快乐每天有。

Hǎo péngyou

🎧 16

Dīngding hé dāngdang
yí duì hǎo péngyou.

Cāiquán, tiàofángzi,
wánshā, zhuōmícáng.

Shǒu wǎn shǒu, chàngchang gē,
kuàilè měitiān yǒu.

단어 🎧 17

▸ 对	duì	쌍(쌍을 이루는 것을 세는 양사)
▸ 猜拳	cāiquán	가위 바위 보
▸ 跳房子	tiàofángzi	땅따먹기(를 하다)
▸ 玩沙	wánshā	모래 장난(을 하다)
▸ 捉迷藏	zhuōmícáng	술래잡기(를 하다)
▸ 挽	wǎn	(팔짱을) 끼다
▸ 快乐	kuàilè	기쁘다, 즐겁다

잘 이해했나요?

1 이 글에서 丁丁과 삘삘의 관계를 나타내는 말을 찾아 쓰세요.

2 '猜拳'는 무슨 놀이일까요?

① 捉迷藏　　② 跳房子　　③ 玩沙　　④ 石头剪刀布

이것만은 알아두세요

● 동사의 중첩

동작을 잠깐 하거나 횟수가 적을 때에는 동사를 두 번 이어서 말해요. AA 형태나 ABAB 형태로 이어 말하는데, 이 때 두 번째 동사는 경성으로 읽어요.

看看
kànkan
한번 보다

听听
tīngting
한번 들어보다

尝尝
chángchang
한번 먹어보다

想想
xiǎngxiang
한번 생각해보다

认识认识
rènshirènshi
조금 알고 지내다

介绍介绍
jièshaojièshao
간단히 소개하다

좀 더 알아볼까요

1 '一对好朋友'에서 '对'와 같은 뜻으로 쓰인 것은 어느 것인가요?

① 老师的话很<u>对</u>　　　　　　② 丁丁<u>对</u>我笑

③ 一<u>对</u>蝴蝶　　　　　　　　④ 他们的<u>对</u>话

> **tip** 蝴蝶 húdié 나비

2 '玩沙'를 하기에 가장 좋은 장소는 어디인가요?

① 海边　　　　② 图书馆　　　　③ 树林　　　　④ 教室

 ## 이렇게 말해보아요   18

1 놀이를 나타내는 단어를 살펴볼까요?

猜谜语 cāi míyǔ 수수께끼를 하다	玩电脑 wán diànnǎo 컴퓨터를 하다	跳绳 tiàoshéng 줄넘기하다	捉迷藏 zhuōmícáng 술래잡기를 하다
涂颜色 tú yánsè 색칠놀이 하다	画卡通 huà kǎtōng 만화를 그리다	折纸 zhézhǐ 종이접기 하다	玩彩泥 wán cǎiní 찰흙놀이하다

2 함께 읽어보아요.

1 我和妹妹在猜谜语。 나와 여동생은 수수께끼를 하고 있어요.
　Wǒ hé mèimei zài cāi míyǔ.

2 为了长高，当当每天跳绳。 키가 크고 싶어서 당당은 매일 줄넘기를 해요.
　Wèile zhǎnggāo, Dāngdang měitiān tiàoshéng.

7 谁会赢呢？

생각해 보세요
0, 2, 5를 큰 수부터 말해볼까요? 너무 쉬운 문제라고요?
수학 시간에 배운 대로 하면 5, 2, 0이겠지요. 그런데 2가
5를 이기고, 0이 2를 이기는 경우도 있습니다. 도대체 무
슨 일이 일어난 걸까요?

5和0比赛，5赢了；
2和0比赛，2输了；
5和2比赛，谁会赢呢？
是5吗？不是，是2。
为什么呢？

Shéi huì yíng ne?

🎧 19

Wǔ hé líng bǐsài, wǔ yíng le;
Èr hé líng bǐsài, èr shū le;
Wǔ hé èr bǐsài, shéi huì yíng ne?
Shì wǔ ma? Búshì, shì èr.
Wèishénme ne?

단어 🎧 20

▸ 和　　　 hé　　　　 ~와
▸ 比赛　　 bǐsài　　　 경기(하다)
▸ 赢　　　 yíng　　　 이기다
▸ 输　　　 shū　　　　 지다
▸ 为什么　 wèishénme　 왜

잘 이해했나요?

1 이 글에서 하는 놀이는 무엇인가요?

① 猜拳　　　　　　　　　② 跳房子

③ 捉迷藏　　　　　　　　④ 玩沙

2 숫자에 해당하는 손모양을 연결해 보세요.

이것만은 알아두세요

● 会

'~할 수 있다'라는 가능을 나타내거나, '~일 것이다'라는 추측을 나타낼 때는 '会'를 동사 앞에 붙여요.

가능

你会说汉语吗?
Nǐ huì shuō Hànyǔ ma?

> 너는 중국어를 할 수 있니?

我会弹钢琴。
Wǒ huì tán gāngqín.

> 나는 피아노를 칠 수 있어요.

추측

明天会下雨吗?
Míngtiān huì xiàyǔ ma?

> 내일 비가 올까요?

如果不给妹妹留饼干，她会生气的。
Rúguǒ bù gěi mèimei liú bǐnggān,
tā huì shēngqì de.

> 만약 여동생에게 과자를 남겨주지 않으면, 아마 화를 낼 거야.

1 다음 보기의 단어와 관계 있는 것을 고르세요.

보기

加油　队　赢　输　拉拉队

tip 队 duì 팀
拉拉队 lālāduì 응원단

① 猜拳

② 比赛

③ 好朋友

④ 电脑

2 짝 지은 단어의 관계가 **다른** 하나는 무엇일까요?

① 赢 — 输　　② 夜空 — 小星星　　③ 开 — 关　　④ 晴 — 阴

21

1 반대말에 대해 알아볼까요?

	晴 qíng (날씨가) 맑다		亮 liàng 밝다		开 kāi 켜다
	阴 yīn (날씨가) 흐리다		暗 àn 어둡다		关 guān 끄다
短 duǎn 짧다		高 gāo (키가) 크다		胖 pàng 뚱뚱하다	
长 cháng 길다		矮 ǎi (키가) 작다		瘦 shòu 날씬하다	

2 함께 읽어보아요.

1　我有点儿矮，我希望长高。 나는 키가 좀 작아요, 키가 컸으면 좋겠어요.
　Wǒ yǒudiǎnr ǎi, wǒ xīwàng zhǎng gāo.

2　早上出来的时候是晴天，下午就变阴了。 아침에 나올 때는 날씨가 맑았는데, 오후에는 흐려졌어요.
　Zǎoshang chūlái de shíhou shì qíngtiān, xiàwǔ jiù biànyīn le.

8 上楼梯，下楼梯

생각해 보세요
학교나 아파트, 등산길의 계단을 오르내릴 때 많이 힘들었던 경험이 있죠? 그럴 때에는 함께 가는 사람들과 가위바위보 놀이를 해보세요. 조금은 덜 힘들게 오르내릴 수 있답니다. 그럼 혼자 있을 때는 어떻게 하냐고요? 본문을 공부하고 그대로 따라 해보세요.

上楼梯，一二三四五六七。
下楼梯，七六五四三二一。
一边走，一边数，
一边数，一边走。
小朋友们一起玩，
上上下下真有趣。

 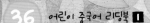

Shàng lóutī, xià lóutī

Shàng lóutī, yī èr sān sì wǔ liù qī.
Xià lóutī, qī liù wǔ sì sān èr yī.
Yìbiān zǒu, yìbiān shǔ,
yìbiān shǔ, yìbiān zǒu.
Xiǎopéngyoumen yìqǐ wán,
shàng shàng xià xià zhēn yǒuqù.

단어 🎧 23

▶ 楼梯　　　　lóutī　　　　계단
▶ 一边～一边～　yìbiān~yìbiān　~하면서 ~하다
▶ 数　　　　　shǔ　　　　　(수를) 세다

▶ 一起　yìqǐ　함께, 같이
▶ 有趣　yǒuqù　재미있다

잘 이해했나요?

1 '계단 오르내리기'를 하면서 할 수 있는 놀이는 어느 것인가요?

① 跳房子

② 玩沙

③ 捉迷藏

④ 石头剪刀布

2 '계단 오르내리기'를 한 후의 느낌을 나타낸 말은 어느 것인가요?

① 一边走   ② 一边数

③ 一起玩   ④ 真有趣

이것만은 알아두세요

● 다음자(多音字)

중국어에는 같은 글자가 발음이 달라지면서 그 뜻도 함께 달라지는 경우가 있어요. 즉 한 글자가 여러 개의 발음과 뜻을 가질 수 있다는 말이지요. 이런 글자를 '다음자(多音字)' 라고 해요.

❶ 数 ⟨ shǔ / shù

数
shǔ
(수를) 세다

数
shù
수

❷ 乐 ⟨ yuè / lè

音乐
yīnyuè
음악

快乐
kuàilè
즐겁다

❸ 行 ⟨ háng / xíng

银行
yínháng
은행

行人
xíngrén
행인

좀 더 알아볼까요

1 빈칸에 공통으로 들어갈 단어를 보기에서 골라 쓰세요.

보기
一边　一样
一起　一面

① 小朋友们 ☐ 玩，上上下下真有趣。

② 丁丁和当当 ☐ 参加比赛。

③ 我们 ☐ 去公园。

2 '一、二、三、四、五、六、七'와 같이 '(수를) 세다'의 뜻으로 쓰인 단어를 찾아 쓰세요.

☐

 **이렇게 말해보아요**   24

1 上과 下로 만들어진 단어를 알아볼까요?

| 上车 shàngchē 차를 타다 | 下车 xiàchē 차에서 내리다 | 上课 shàngkè 수업을 시작하다 | 下课 xiàkè 수업을 마치다 |
| 上班 shàngbān 출근하다 | 下班 xiàbān 퇴근하다 | 上学 shàngxué 등교하다 | 放学 fàngxué 하교하다 |

tip '하교하다'는 '下学'가 아니라 '放学'입니다.

2 함께 읽어 보아요.

1 爸爸每天早上9点上班，下午6点下班。아빠는 매일 아침 9시에 출근하시고, 오후 6시에 퇴근하세요.
Bàba měitiān zǎoshang jiǔ diǎn shàngbān, xiàwǔ liù diǎn xiàbān.

2 我今天放学后要去书店买书。나는 오늘 하교 후에 서점에 책을 사러 갈 거예요.
Wǒ jīntiān fàngxué hòu yào qù shūdiàn mǎi shū.

9 寻找秋天

생각해 보세요
사계절은 모두 계절마다 각각의 색깔을 갖고 있어요. 꽃
이 피는 봄은 빨강, 노란색이고, 잎이 무성해지는 여름은
녹색, 눈 내리는 겨울은 흰색이지요. 그러면 가을은 어떤
색으로 나타낼 수 있을까요?

有一天，王老师带着我们去野外寻找秋天。

丁丁说："秋天是蓝色的。"

冬冬说："秋天是黄色的。"

当当说："秋天是红色的。"

那么，秋天到底是什么颜色的呢？

Xúnzhǎo qiūtiān   25

Yǒu yì tiān, Wáng lǎoshī dàizhe wǒmen qù yěwài xúnzhǎo qiūtiān.
Dīngding shuō: "Qiūtiān shì lánsè de."
Dōngdong shuō: "Qiūtiān shì huángsè de."
Dāngdang shuō: "Qiūtiān shì hóngsè de."
Nàme, qiūtiān dàodǐ shì shénme yánsè de ne?

단어   26

寻找	xúnzhǎo	찾다
带	dài	이끌다, 지니다
野外	yěwài	야외
到底	dàodǐ	도대체
颜色	yánsè	색

1 딩딩은 가을을 무슨 색이라고 말했나요?

① 蓝色
② 黄色
③ 红色
④ 白色

2 동동이 생각하는 가을의 색과 그 이유를 <u>모두</u> 고르세요.

① 노란색 – 나뭇잎이 노란색으로 물들기 때문에

② 파란색 – 하늘이 아주 파랗기 때문에

③ 노란색 – 들판의 벼가 노랗기 때문에

④ 파란색 – 강물이 아주 파랗기 때문에

● 了

어떤 동작을 다 마쳤을 때에는 동사 뒤에 '了'를 붙입니다. '~했다'라는 뜻이에요.

나는 밥을 먹었어요.

我吃了饭。
Wǒ chīle fàn.

딩딩은 어제 만리장성에 갔어요.

丁丁昨天去了长城。
Dīngding zuótiān qùle Chángchéng.

동동은 중국어 사전 한 권을 샀어요.

冬冬买了一本汉语词典。
Dōngdong mǎile yì běn Hànyǔ cídiǎn.

 **좀 더 알아볼까요**

1 다음 단어의 뜻을 찾아 ○하세요.

① 寻找　　가지다　　내려오다　　찾다　　밝다

② 带　　이끌다　　따라가다　　타다　　함께

③ 到底　　왜　　언제　　어쨌든　　도대체

2 蓝色, 黄色, 红色를 모두 포함하는 단어를 찾아 쓰세요.

 **이렇게 말해보아요**   27

1 색깔을 나타내는 단어를 알아볼까요?

红色 hóngsè 빨간색	粉红色 fěnhóngsè 분홍색	黄色 huángsè 노란색	绿色 lǜsè 초록색	蓝色 lánsè 파란색
紫色 zǐsè 보라색	棕色 zōngsè 갈색	白色 báisè 흰색	黑色 hēisè 검정색	灰色 huīsè 회색

2 함께 읽어보아요.

1　过马路时, 红灯停, 绿灯行。 길을 건널 때, 빨간불에 멈추고 초록불에 건너요.
　　Guò mǎlù shí, hóngdēng tíng, lǜdēng xíng.

2　彩虹有七种颜色: 红橙黄绿青蓝紫。 무지개에는 빨주노초파남보의 일곱 가지 색깔이 있어요.
　　Cǎihóng yǒu qī zhǒng yánsè : hóng chéng huáng lǜ qīng lán zǐ.

⑩ 我会做什么？

생각해 보세요

사람마다 생긴 모습뿐 아니라 흥미, 관심도 모두 다르지요. 그래서 그림을 잘 그리는 친구도 있고 글쓰기를 잘하는 친구도 있고, 사람마다 잘하는 것은 다르답니다. 여러분도 자신의 재능을 찾아보세요.

马儿会快快地跑，
海豚会快快地游，
老鹰会快快地飞。

那么，我会做什么呢？

Wǒ huì zuò shénme?

  28

Mǎ'ér huì kuàikuāi de pǎo,
hǎitún huì kuàikuāi de yóu,
lǎoyīng huì kuàikuāi de fēi.

Nàme, wǒ huì zuò shénme ne?

 단어   29

▸ 会	huì	~할 수 있다
▸ 快快地	kuàikuāi de	빨리
▸ 跑	pǎo	달리다, 뛰다
▸ 海豚	hǎitún	돌고래
▸ 游	yóu	헤엄치다
▸ 老鹰	lǎoyīng	독수리
▸ 飞	fēi	(새나 곤충 등이) 날다

잘 이해했나요?

다음 동물들을 잘 보고 물음에 답해보세요.

① 老虎 lǎohǔ	② 蛇 shé	③ 乌龟 wūguī	④ 大象 dàxiàng
⑤ 燕子 yànzi	⑥ 猫 māo	⑦ 鲨鱼 shāyú	⑧ 羊 yáng

1 '马儿会快快地跑'에서 밑줄 친 단어와 바꾸어 쓸 수 있는 동물을 찾아 번호를 쓰세요.

2 '海豚会快快地游'에서 밑줄 친 단어와 바꾸어 쓸 수 있는 동물을 찾아 번호를 쓰세요.

3 '老鹰会快快地飞'에서 밑줄 친 단어와 바꾸어 쓸 수 있는 동물을 찾아 번호를 쓰세요.

이것만은 알아두세요

● 형용사의 중첩

사람이나 사물을 묘사하거나 강조할 때, AA 형태나 AABB 형태로 형용사를 두 번 이어서 말해요.

AA 형태   두 번째 글자를 1성으로 발음하고 뒤에 儿을 붙이기도 해요.

远远 yuányuān	大大 dàdā	短短 duǎnduān	慢慢(儿) mànmān(r)
멀고 먼	크고 큰	짧고 짧은	천천히

AABB 형태   두 번째 글자는 경성으로 읽어요.

漂漂亮亮
piàopiaoliàngliàng
아름다운

高高兴兴
gāogaoxìngxìng
기쁜, 즐거운

 좀 더 알아볼까요

1 빈칸에 알맞은 단어를 보기에서 골라 쓰세요.

보기
慢 短 快 长

马儿 ☐ ☐ 地跑，乌龟 ☐ ☐ 地爬。

tip 爬 pá 기어가다

2 알맞은 단어를 골라 ○하세요.

① 海豚 〔会 / 不会〕 跑，〔会 / 不会〕 游。

② 老鹰 〔会 / 不会〕 飞，〔会 / 不会〕 跑。

③ 猫 〔会 / 不会〕 游，〔会 / 不会〕 跑。

 이렇게 말해보아요 🎧 30

1 취미를 나타내는 단어를 알아볼까요?

弹钢琴 tán gāngqín 피아노를 치다	拉小提琴 lā xiǎotíqín 바이올린을 켜다	画画儿 huà huàr 그림을 그리다	唱歌 chàng gē 노래하다
游泳 yóuyǒng 수영하다	拼装机器人 pīnzhuāng jīqìrén 로봇을 조립하다	玩电子游戏 wán diànziyóuxì 컴퓨터게임을 하다	跳舞 tiàowǔ 춤을 추다

2 함께 읽어보아요.

1 我每天放学后去公园画画儿。 나는 매일 방과 후에 공원에서 그림을 그려요.
Wǒ měitiān fàngxué hòu qù gōngyuán huà huàr.

2 美国游泳选手拿了八块金牌。 미국의 수영선수가 금메달 여덟 개를 땄어요.
Měiguó yóuyǒng xuǎnshǒu nále bā kuài jīnpái.

11 天天长大

생각해 보세요

앞을 보지도 못하고 듣지도 못하고 말하지도 못했지만, 자신의
불행을 극복하여 어려운 사람들에게 삶의 희망을 주었던 헬렌
켈러. 그녀는 단 3일 만이라도 눈을 뜰 수 있다면 하고 싶은 것이
너무 많다고 했습니다. 여러분은 어떤 소망을 갖고 있나요?

一分钟等于六十秒，
一小时等于六十分。
一天二十四小时，
一年三百六十五天。

白天走了黑夜来。
时间一分一秒地走，
我们也一天天地长大、长高。

Tiāntiān zhǎngdà 🎧 31

Yì fēn zhōng děngyú liùshí miǎo,
yì xiǎoshí děngyú liùshí fēn.
Yì tiān èrshísì xiǎoshí,
yì nián sānbǎi liùshíwǔ tiān.

Báitiān zǒule hēiyè lái.
Shíjiān yì fēn yì miǎo de zǒu,
wǒmen yě yì tiāntiān de zhǎngdà, zhǎnggāo.

   🎧 32

▸ 分	fēn	분		▸ 黑夜	hēiyè	밤
▸ 等于	děngyú	(수량이) …와(과) 같다		▸ 时间	shíjiān	시간
▸ 秒	miǎo	초		▸ 长大	zhǎngdà	자라다
▸ 小时	xiǎoshí	시간(시간 단위)		▸ 长高	zhǎnggāo	키가 커지다
▸ 白天	báitiān	낮				

잘 이해했나요?

1 빈칸에 알맞은 수를 쓰세요.

① 一年 = [　　　　　] 天　　　　② 一天 = [　　　　　] 小时

③ 一小时 = [　　　　　] 分钟　　　④ 一分钟 = [　　　　　] 秒

2 우리가 밤이 되어 잠이 들면 시간도 우리와 같이 잠이 들어 멈출까요? 맞는 그림에 ○하세요.

 [　　]

休息

 [　　]

不休息

이것만은 알아두세요

● 시간 표현

동작이 계속된 시간의 길이를 표현하고 싶을 때는 '동사+숫자+양사+명사'의 표현을 써요.

동사+숫자+양사(혹은 시간을 나타내는 말)+명사

我学了两年汉语。
Wǒ xuéle liǎng nián hànyǔ.

나는 2년 동안 중국어를 배웠어요.

나는 그를 1시간 동안 기다렸어요.

我等他等了一个小时。
Wǒ děng tā děngle yí ge xiǎoshí.

爸爸在北京住过三个星期。
Bàba zài Běijīng zhùguo sān ge xīngqī.

아빠는 북경에서 3주 동안 머무셨어요.

 **좀 더 알아볼까요**

1 빈칸에 들어갈 수를 한자로 쓰세요.

二乘五等于 ⬜ , 七减三等于 ⬜ 。

> tip 乘 chéng 곱하다
> 减 jiǎn 빼다

2 보기의 시간을 나타내는 말 중에서 단위가 낮은 것부터 차례대로 쓰세요.

보기

分钟　天　月　秒　小时　年　星期

⬜ ➡ ⬜ ➡ ⬜ ➡ ⬜ ➡ ⬜ ➡ ⬜ ➡ ⬜

 **이렇게 말해보아요**   🎧 33

1 시간과 관계있는 표현을 알아볼까요?

시각		시간	
15분	一刻 yíkè 예 四点一刻 4시 15분	15분	十五分钟 shíwǔ fēnzhōng 예 我哭了十五分钟。 나는 15분 동안 울었어.
30분	半 bàn 예 四点半 4시 30분	30분	半个小时 bàn ge xiǎoshí 예 我等了他半个小时。 나는 그를 30분을 기다렸어.
1일	一号 yī hào 예 一月一号 1월 1일	하루	一天 yì tiān 예 又过了一天。 또 하루가 지났다.
~분 전	差 chà 예 差十分五点 = 五点差十分 5시 10분 전		

· 시각　시간의 어느 한 지점
· 시간　어떤 시각에서 어떤 시각까지의 사이

2 함께 읽어보아요.

1 我六点五十五分去英语学院学习。 나는 6시 55분에 영어학원에 가서 공부해요.
　 Wǒ liù diǎn wǔshíwǔ fēn qù Yīngyǔ xuéyuàn xuéxí.

2 我可能会晚一点，七点差五分才能到。 나는 좀 늦을 것 같아, 7시 5분 전쯤에야 겨우 도착할 수 있어.
　 Wǒ kěnéng huì wǎn yìdiǎn, qī diǎn chà wǔ fēn cái néng dào.

12 雪地里的小画家

생각해 보세요

아침에 일어나 창 밖을 내다보았을 때, 온 세상이 흰 눈으로 덮여 있는 모습을 떠올려보세요. 산도 나무도 지붕도 길도 모두 하얗게 변한 세상, 생각만 해도 참 아름답지요. 아무도 밟지 않은 하얀 눈밭 위에 서 있다면 어떤 멋진 그림을 그리고 싶나요?

下雪啦！下雪啦！
小鸡在地上画竹叶，
小狗在地上画梅花，
青蛙为什么没参加？
它在洞里睡着啦。

Xuědì li de xiǎohuàjiā

Xiàxuě la! Xiàxuě la!
Xiǎojī zài dì shàng huà zhúyè,
xiǎogǒu zài dì shàng huà méihuā,
qīngwā wèishénme méi cānjiā?
Tā zài dòng li shuìzháo la.

단어

🎧 35

小鸡	xiǎojī	병아리	▶ 青蛙	qīngwā	개구리
画	huà	그리다	▶ 参加	cānjiā	참가하다
竹叶	zhúyè	대나무잎	▶ 洞	dòng	동굴
梅花	méihuā	매화	▶ 睡着	shuìzháo	잠들다

12 雪地里的小画家 53

잘 이해했나요?

1 이 글을 읽고 떠오르는 장면이 <u>아닌</u> 것은 어느 것인가요?

① 매화꽃이 핀 모습

② 눈으로 덮인 하얀 마을

③ 눈 오는 날 병아리 발자국

④ 눈 오는 날 강아지 발자국

2 개구리가 오지 않은 이유를 본문에서 찾아 써볼까요?

									。

이것만은 알아두세요

● 没

이미 일어난 일을 부정하고 싶다면 동사 앞에 '没'를 쓰고 '~하지 않았다'라고 표현해요. 이 때는 동사 뒤에 '了'를 쓰면 안 돼요.

그는 어제 학교에 안 왔어.

他昨天没来学校。(○)
Tā zuótiān méi lái xuéxiào.

他昨天没来学校了。(×)
Tā zuótiān méi lái xuéxiào le.

어제 비가 내리지 않았어.

昨天没下雨。(○)
Zuótiān méi xiàyǔ.

昨天没下雨了。(×)
Zuótiān méi xiàyǔ le.

 **좀 더 알아볼까요**

1 빈칸에 들어갈 단어를 본문에서 찾아 쓰세요.

他昨天 ☐ 去图书馆。 그는 어제 도서관에 가지 않았어요.

2 '它在洞里睡着啦。'에서 它와 같이 겨울잠을 자는 동물을 모두 찾아 ○하세요.

熊 ☐　　　小鸡 ☐　　　老鹰 ☐　　　蛇 ☐　　　兔子 ☐

이렇게 말해보아요　🎧 36

1 질문할 때 쓰는 의문사를 알아볼까요?

谁 shéi 누구	什么时候 shénme shíhou 언제	哪儿 nǎr 어디	什么 shénme 무엇	为什么 wèishénme 왜	怎么 zěnme 어떻게, 왜

2 문장을 읽고 보기와 같이 답해보세요.

 我下午五点骑自行车到面包房给弟弟买生日蛋糕。
Wǒ xiàwǔ wǔ diǎn qí zìxíngchē dào miànbāofáng gěi dìdi mǎi shēngrìdàngāo.

보기　谁骑自行车? ➡ 我。

1 我什么时候骑自行车?
Wǒ shénme shíhou qí zìxíngchē?
➡

2 我去哪儿?
Wǒ qù nǎr?
➡

3 我买什么?
Wǒ mǎi shénme?
➡

4 我怎么到面包房?
Wǒ zěnme dào miànbāofáng?
➡

🔹 정답은 65페이지에 있습니다.

[01-04] 다음 설명에 해당하는 단어를 [보기]에서 골라 번호를 쓰세요.

보기 ① 小河 ② 衣服 ③ 身后 ④ 葡萄 ⑤ 地球 ⑥ 太阳

01 뒤쪽 :

02 태양계의 행성 중 하나로 우리가 살고 있는 별 :

03 넓고 길게 흐르는 큰 물줄기로 물고기가 사는 곳 :

04 보라색 열매가 알알이 붙어 있고, 세계 과일 생산량의 1/3을 차지하는 과일 :

[05-08] 우리말과 같은 뜻이 되도록 빈칸에 알맞은 말을 [보기]에서 골라 번호를 쓰세요.

보기 ① 留 ② 小鸟 ③ 笑 ④ 影子 ⑤ 白云 ⑥ 小狗

05 난 너의 그림자야.　　　　　　　　我是你的　　。

06 해님 할아버지가 나를 향해 웃어요.　太阳公公对我　　。

07 하늘은 구름의 집이에요.　　　　　蓝天是　　的家。

08 아빠는 집에 안 계시니까 한 송이 남겨두지요.　爸爸不在家，给他　　一串。

[09-12] 다음 빈칸에 알맞은 단어를 고르세요.

09 河里也有　　小狗。

① 个　　　　　② 只　　　　　③ 颗　　　　　④ 串

10 　　脸，左左右右。

① 洗洗　　　　② 刷刷　　　　③ 梳梳　　　　④ 穿穿

11 짝 지은 두 단어의 관계가 서로 <u>다른</u> 것은 무엇인가요?

① 上 – 下　　　② 左 – 右　　　③ 出 – 去　　　④ 前 – 后

12 그림과 서로 어울리지 <u>않는</u> 단어는 무엇인가요?

①  – 颗　　②  – 支　　③  – 本　　④  – 杯

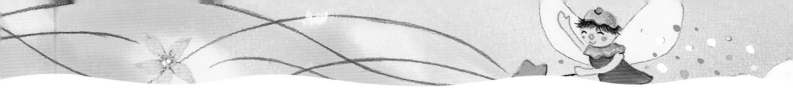

[13-16] 다음 문장에 맞는 우리말 해석을 찾아 선으로 연결하세요.

13   我和妈妈坐着吃葡萄。 •

14   小狗走到小河边。 •

15   一二一二上学去。 •

16   地球是个大家庭。 •

 • ㉠ 강아지가 강가로 걸어왔어요.

 • ㉡ 나랑 엄마랑 앉아 포도를 먹어요.

 • ㉢ 지구는 대가족입니다.

 • ㉣ 하나 둘 하나 둘 학교에 가요.

[17-18] 다음 물음에 가장 어울리는 대답을 고르세요.

17   你是谁？

① 我吃一颗。   ② 蓝天是白云的家。

③ 我是你的影子。   ④ 穿上衣服走出门。

18   树林是谁的家呢？

① 树林是海豚的家。   ② 树林是白云的家。

③ 树林是小鸟的家。   ④ 树林是鱼儿的家。

[19-20] 다음 글을 읽고 아래 물음에 답하세요.

①   小狗走在太阳下，身后又有只小狗。
     小狗问："你是谁？"
     身后的小狗说："我也是你的影子。"

②   刷刷牙，上上下下；
     洗洗脸，左左右右；
     梳梳头，前前后后。

③   蓝天是白云的家，
     树林是小鸟的家，
     小河是鱼儿的家。

④   我和妈妈，坐着吃葡萄。
     我吃一颗，妈妈吃一颗。
     爸爸不在家，给他留一串。

19   아빠를 생각하는 마음이 가장 잘 드러난 글은 어느 것인가요?

20   아침에 일어나 학교에 갈 준비를 하는 모습을 나타낸 글은 어느 것인가요?

🐾 정답은 66페이지에 있습니다.

[01-04] 다음 설명에 해당하는 단어를 [보기]에서 골라 번호를 쓰세요.

보기 ① 楼梯 ② 猜拳 ③ 宝宝 ④ 赢 ⑤ 夜空 ⑥ 捉迷藏

01 엄마에게 세상에서 가장 소중한 사람 : ☐

02 한 사람이 눈을 감고 있으면 다른 사람들이 숨는 놀이 : ☐

03 경기에서 이기는 것 : ☐

04 위로 올라가거나 아래로 내려갈 때 걷는 곳 : ☐

[05-08] 우리말과 같은 뜻이 되도록 빈칸에 알맞은 말을 [보기]에서 골라 번호를 쓰세요.

보기 ① 怀抱 ② 猜拳 ③ 有趣 ④ 比赛 ⑤ 小星星 ⑥ 快乐

05 밤하늘엔 아기별이 잠자지. 夜空中是 ☐ 在睡觉。

06 매일매일 즐거워요. ☐ 每天有。

07 토끼와 거북이가 경기하면 누가 이길까요? 兔子和乌龟 ☐ ，谁会赢呢？

08 친구랑 함께 노니 정말 재미있어요. 小朋友们一起玩真 ☐ 。

[09-10] 다음 빈칸에 알맞은 단어를 고르세요.

09 一边走，☐ 数。

① 一起 ② 一边 ③ 一个 ④ 一样

10 妈妈的 ☐ 里是谁在睡觉呢？

① 怀抱 ② 衣服 ③ 口袋 ④ 手臂

11 짝 지은 두 단어의 관계가 서로 <u>다른</u> 것은 무엇인가요?

① 好看 – 难看 ② 可爱 – 漂亮 ③ 赢 – 输 ④ 美 – 丑

12 上과 下의 쓰임이 <u>어색한</u> 것은 무엇인가요?

① 上课 ② 上车 ③ 下学 ④ 下雨

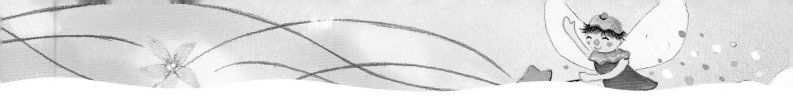

[13-16] 다음 문장에 맞는 우리말 해석을 찾아 선으로 연결하세요.

13   树林里是谁在睡觉呢？   •   • ㉠ 2와 0이 경기를 하면 2가 진답니다.

14   手挽手，唱唱歌。   •   • ㉡ 나와 너는 단짝 친구야.

15   2和0比赛，2输了。   •   • ㉢ 숲 속에선 누가 자고 있지?

16   我和你是一对好朋友。   •   • ㉣ 손에 손을 잡고 노래해요.

[17-18] 다음 물음에 가장 어울리는 대답을 고르세요.

17   夜空中是谁在睡觉呢？

     ① 是小星星在睡觉。   ② 是小鸟在睡觉。

     ③ 一对好朋友。   ④ 快乐每天有。

18   5和2比赛，谁会赢呢？

     ① 5会赢。   ② 2会赢。

     ③ 2会输。   ④ 谁会赢。

[19-20] 다음 글을 읽고 아래 물음에 답하세요.

① 树林里是谁在睡觉呢？ 是小鸟在睡觉。 妈妈的怀抱里是谁在睡觉呢？ 是我们的宝宝呀。	② 丁丁和当当 一对好朋友。 一对好朋友。 猜拳、跳房子， 玩沙、捉迷藏。
③ 5和0比赛，5赢了； 2和0比赛，2输了； 5和2比赛，谁会赢呢？ 是5吗？ 不是，是2。 为什么呢？	④ 上楼梯，一二三四五六七。 下楼梯，七六五四三二一。 一边走，一边数， 一边数，一边走。

19   엄마의 아기에 대한 사랑이 잘 나타난 글은 어느 것인가요?   ☐

20   계단에서 숫자 놀이하는 장면을 표현한 글은 어느 것인가요?   ☐

🔔 정답은 67페이지에 있습니다.

[01-04] 다음 설명에 해당하는 단어를 [보기]에서 골라 번호를 쓰세요.

보기 ① 寻找 ② 海豚 ③ 颜色 ④ 青蛙 ⑤ 参加 ⑥ 时间

01 겨울잠을 자는 동물 :

02 물건을 잃어버렸을 때 하는 행동 :

03 소중히 아껴야 하고, 돈으로도 살 수 없는 것 :

04 전 세계의 바다에 사는 동물 :

[05-08] 우리말과 같은 뜻이 되도록 빈칸에 알맞은 말을 [보기]에서 골라 번호를 쓰세요.

보기 ① 带着 ② 长大 ③ 睡着 ④ 黑夜 ⑤ 老鹰 ⑥ 做

05 동굴 속에서 잠을 자고 있구나!　　　　　它在洞里　　啦。

06 난 무엇을 잘할 수 있을까?　　　　　我会　　什么呢?

07 환한 낮이 지나면 깜깜한 밤이 되지요.　　　白天走了　　来。

08 왕 선생님이 우리를 데리고 가을을 찾으러 들판으로 나갔어요.　　王老师　　我们去野外寻找秋天。

[09-10] 다음 빈칸에 알맞은 단어를 고르세요.

09 小狗　　地上画梅花。

　　① 给　　　　　② 在　　　　　③ 对　　　　　④ 和

10 老鹰　　快快地飞。

　　① 能　　　　　② 要　　　　　③ 会　　　　　④ 可以

11 색깔과 한자의 연결이 바르지 <u>않은</u> 것은 무엇인가요?

　　① 검정색 – 白色　　② 노란색 – 黄色　　③ 빨간색 – 红色　　④ 파란색 – 蓝色

12 다음 그림과 한자의 연결이 바른 것은 무엇인가요?

　　① 　　 – 小狗　　② 　　 – 马儿　　③ 　　 – 老鹰　　④ 　　 – 小鸡

[13-16] 다음 문장에 맞는 우리말 해석을 찾아 선으로 연결하세요.

13 秋天是红色的。　·　　　　　　　·　㉠ 하루는 스물네 시간이에요.

14 海豚会快快地游。　·　　　　　　·　㉡ 병아리는 땅 위에 대나무 잎을 그려요.

15 一天二十四小时。　·　　　　　　·　㉢ 가을은 빨간색이야.

16 小鸡在地上画竹叶。　·　　　　　·　㉣ 돌고래는 빠르게 헤엄칠 수 있어요.

[17-18] 다음 물음에 가장 어울리는 대답을 고르세요.

17 马会做什么呢？

　① 马会快快地游。　　　　　② 马会快快地跑。

　③ 马会快快地飞。　　　　　④ 马会快快地爬。

18 青蛙为什么没参加？

　① 洗脸　　　　　　　　　② 刷牙

　③ 吃饭　　　　　　　　　④ 睡觉

[19-20] 다음 글을 읽고 아래 물음에 답하세요.

①　有一天，王老师带着我们去野外寻找秋天。
　丁丁说：“秋天是蓝色的。”
　冬冬说：“秋天是黄色的。”
　当当说：“秋天是红色的。”
　那么，秋天到底是什么颜色的呢？

②　马儿会快快地跑，
　海豚会快快地游，
　老鹰会快快地飞，
　那么，我会做什么呢？

③　一分钟等于六十秒，
　一小时等于六十分。
　一天二十四小时，
　一年三百六十五天。
　白天走了黑夜来。
　时间一分一秒地走，
　我们也一天天地长大、长高。

④　下雪啦！下雪啦！
　小鸡在地上画竹叶，
　小狗在地上画梅花，
　青蛙为什么没参加？
　它在洞里睡着啦。

19 다음 계절과 관계있는 글을 찾아 번호를 쓰세요.

　① 가을 : ☐　　　　　　　② 겨울 : ☐

20 시간과 시각에 대한 글은 어느 것인가요?

본문 해석과 정답

1 两只小狗 두 마리 강아지

 해석

어느 날,
강아지가 강가로 걸어왔어요. 강물 속에도 강아지가 있네요.
강아지가 물었어요. "넌 누구니?"
강물 속의 강아지가 말했어요. "난 너의 그림자야."

다음 날,
강아지는 해님을 따라 걷고 있었어요. 뒤에 또 강아지가 있네요.
강아지가 물었어요. "넌 누구니?"
뒤에 있는 강아지가 말했어요. "나도 너의 그림자야."

정답

■ 잘 이해했나요?   p.10

1 ②

2 ①

■ 좀 더 알아볼까요   p.11

1 只

2 也

2 一二一二上学去
하나 둘 하나 둘 학교에 가요

 해석

이를 닦자, 위로 아래로.
얼굴을 씻자, 왼쪽 오른쪽.
머리를 빗자, 앞으로 뒤로.

옷을 입고 집 밖으로 나오니,
해님 할아버지가 나를 향해 웃어요.
하나 둘 하나 둘 학교에 가요.

정답

■ 잘 이해했나요?   p.14

1 ①

2 ②

3 ③ → ⑤ → ① → ④ → ②

■ 좀 더 알아볼까요   p.15

1

刷 •	• chuān yīfu •	• 牙
洗 •	• shuā yá •	• 衣服
穿 •	• xǐ liǎn •	• 脸

2 穿

3 地球 一 大家庭 지구－대가족

 해석

지구는 대가족입니다.
푸른 하늘은 흰 구름의 집,
숲은 작은 새의 집,
강은 물고기의 집.
그러면, 흙은 누구의 집일까요?

정답

■ 잘 이해했나요?   p.18

1 ③

2 ④

■ 좀 더 알아볼까요   p.19

1 ① >   ② <   ③ <

2 大家庭

4 给爸爸留一个
아빠를 위해 한 송이 남겨두지요

 해석

나랑 엄마랑 앉아 포도를 먹어요.
나 한 알 먹고, 엄마 한 알 먹어요.
아빠는 집에 안 계시니까 한 송이 남겨두지요.

 정답

■ 잘 이해했나요?   p.22

1 ①

2 ①

1 ①

2 颗, 串

5 漂亮的宝宝 예쁜 아기

해석

밤하늘엔 누가 자고 있지?
아기 별이 자고 있지.

숲 속엔 누가 자고 있지?
아기 새가 자고 있지.

엄마 품 속엔 누가 자고 있지?
우리 아기지.

정답

1 ④

2 ②

3 ①

1 ① 夜空   해님   달님   밤하늘   숲 속
  ② 怀抱   머리 위   손 안   품   어깨 위

2 ① 小鸟   ② 宝宝

6 好朋友 단짝 친구

해석

딩딩과 당당은
단짝 친구예요.

가위바위보, 땅 따먹기,
모래장난, 술래잡기.

손에 손을 잡고, 노래를 부르고,
매일매일 즐거워요.

정답

1 好朋友

2 ④

1 ③

2 ①

7 谁会赢呢？ 누가 이길까?

해석

5와 0이 겨루면 5가 이겨요.
2와 0이 겨루면 2가 져요.
5와 2가 겨루면 누가 이길까?
5일까요? 아니요, 2랍니다.
왜 그럴까요?

정답

1 ①

2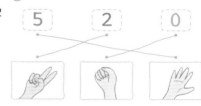

1 ②

2 ②

8 上楼梯, 下楼梯
계단을 올라가자, 계단을 내려가자

해석

계단을 올라가자, 하나 둘 셋 넷 다섯 여섯 일곱.
계단을 내려가자, 일곱 여섯 다섯 넷 셋 둘 하나.
걸으면서 세요,
세면서 걸어요.
꼬마친구들 함께 놀아요,
위로 아래로 정말 재미있어요.

정답

1 ④

2 ④

9 寻找秋天 가을을 찾아요

해석

어느 날, 왕 선생님이 우리를 데리고 가을을 찾으러 들판으로 나갔어요.

딩딩이 말했어요. "가을은 파란색이야."
동동이 말했어요. "가을은 노란색이야."
당당이 말했어요. "가을은 빨간색이야."

그렇다면, 가을은 도대체 무슨 색일까요?

정답

10 我会做什么? 난 무엇을 잘할 수 있을까?

해석

말은 빠르게 달릴 수 있어요.
돌고래는 빠르게 헤엄칠 수 있지요.
독수리는 빠르게 날 수 있는데,
그럼 난 무엇을 잘할 수 있을까?

정답

② 老鹰(会 / 不会)飞，(会 / 不会)跑。
③ 猫(会 / 不会)游，(会 / 不会)跑。

11 天天长大 날마다 자라요

해석

일 분은 육십 초와 같고, 한 시간은 육십 분과 같아요.
하루는 스물네 시간, 일 년은 삼백육십오 일이지요.
환한 낮이 지나면 깜깜한 밤이 되지요.
시간이 일 분 일 초 지나면, 우리도 하루하루 자란답니다.

정답

12 雪地里的小画家 눈밭의 꼬마화가

해석

눈이 와! 눈이 와!
병아리는 땅 위에 대나무 잎을 그리고,
강아지는 땅 위에 매화꽃을 그렸어요.
개구리는 왜 오지 않을까?
동굴 속에서 잠을 자고 있구나!

정답

단원평가 정답

1회 단원평가 (1과 – 4과) p.56~57

문항	정답	해설
01	③	身后 shēnhòu 몸의 뒤
02	⑤	地球 dìqiú 지구
03	①	小河 xiǎohé 개울, 시내
04	④	葡萄 pútao 포도
05	④	影子 yǐngzi 그림자
06	③	笑 xiào 웃다
07	⑤	白云 báiyún 하얀 구름
08	①	留 liú 남기다
09	②	只 zhī 마리(동물을 세는 양사)
10	①	洗脸 xǐ liǎn 얼굴을 씻다
11	③	'出'와 반대되는 말은 '去'가 아니라 '进'입니다.
12	④	个 ge 수박을 셀 때 쓰는 양사 / 杯 bei 잔이나 컵을 셀 때 쓰는 양사
13	㉡	我和妈妈，坐着吃葡萄。(나랑 엄마랑 포도를 먹어요.)
14	㉠	小狗走到小河边。(강아지가 강가로 걸어왔어요.)
15	㉣	一二一二上学去。(하나 둘 하나 둘 학교에 가요.)
16	㉢	地球是个大家庭。(지구는 대가족이에요.)
17	③	你是谁？(넌 누구니?) — 我是你的影子。(난 네 그림자란다.)
18	③	树林是谁的家呢？(숲은 누구의 집인가요?) — 树林是小鸟的家。(숲은 작은 새의 집이에요.)
19	④	'爸爸不在家，给他留一串。'에서 아빠를 생각하는 마음을 알 수 있습니다.
20	②	'刷刷牙，洗洗脸，梳梳头'는 아침에 일어나 외출하기 전에 하는 일이다.

2회 단원평가 (5과 – 8과)

p.58~59

문항	정답	해설
01	③	宝宝 bǎobao 아기
02	⑥	捉迷藏 zhuōmícáng 술래잡기
03	④	赢 yíng 이기다
04	①	楼梯 lóutī 계단
05	⑤	小星星 xiǎoxīngxing 작은 별
06	⑥	快乐 kuàilè 기쁘다, 즐겁다
07	④	比赛 bǐsài 경기(하다)
08	③	有趣 yǒuqù 재미있다
09	②	'一边~一边~'은 '~하면서 ~하다'라는 뜻입니다.
10	①	'怀抱'는 '품'이라는 뜻입니다.
11	②	'可爱'는 '귀엽다'는 뜻이고 '漂亮'은 '예쁘다'의 뜻으로, 서로 반대말이 아닙니다.
12	③	'下学'를 '放学(하교하다)'로 고쳐야 합니다.
13	ㄷ	树林里是谁在睡觉呢？ (숲 속에선 누가 자고 있지?)
14	ㄹ	手挽手，唱唱歌。 (손에 손을 잡고 노래해요.)
15	ㄱ	2和0比赛，2输了。 (2와 0이 경기를 하면 2가 진답니다.)
16	ㄴ	我和你是一对好朋友。 (나와 너는 단짝 친구야.)
17	①	夜空中是谁在睡觉呢？ (밤하늘엔 누가 자고 있지?) – 是小星星在睡觉。 (아기 별이 자고 있어요.)
18	②	이 글에서 2는 '가위', 0는 '바위', 5는 '보'이므로, 2가 5를 이깁니다.
19	①	잠든 아기를 바라보는 엄마의 모습을 상상해 봅시다.
20	④	숫자를 세며 계단을 오르내리는 모습을 나타낸 글입니다.

3회 단원평가 (9과 – 12과)

문항	정답	해설
01	④	青蛙 qīngwā 개구리
02	①	寻找 xúnzhǎo 찾다
03	⑥	时间 shíjiān 시간
04	②	海豚 hǎitún 돌고래
05	③	睡着 shuìzháo 잠들다
06	⑥	做 zuò ~을 하다
07	④	黑夜 hēiyè 밤
08	①	带着 dàizhe 데리고
09	②	在는 '~에서'의 의미로 장소명사 앞에 쓰입니다.
10	③	会는 '~할 수 있다'라는 뜻입니다.
11	①	검정색은 黑色이고, 白色는 흰색입니다.
12	③	小狗는 강아지, 马儿은 말, 小鸡는 병아리입니다.
13	㉢	秋天是红色的。(가을은 빨간색이야.)
14	㉣	海豚会快快地游。(돌고래는 빠르게 헤엄칠 수 있어요.)
15	㉠	一天二十四小时。(하루는 스물네 시간이에요.)
16	㉡	小鸡在地上画竹叶。(병아리는 땅 위에 대나무 잎을 그려요.)
17	②	말이 할 수 있는 것은 빨리 달리는 것(快快地跑)입니다.
18	④	개구리는 잠을 자고(睡觉) 있었기 때문에 참가하지 못했습니다.
19	① 1, ② 4	1번 글의 '秋天', 4번 글의 '下雪'가 계절을 알 수 있는 단어입니다.
20	③	3번 글의 秒, 分, 小时, 天, 年에서 알 수 있습니다.

P	胖	pàng	뚱뚱하다	7과
	拼装机器人	pīnzhuāng jīqìrén	로봇을 조립하다	10과
	跑	pǎo	달리다, 뛰다	10과
	漂亮	piàoliang	예쁘다	5과
	葡萄	pútáo	포도	4과
Q	青蛙	qīngwā	개구리	12과
	晴	qíng	(날씨가) 맑다	7과
	蚯蚓	qiūyǐn	지렁이	3과
S	上班	shàngbān	출근하다	8과
	上车	shàngchē	차를 타다	8과
	上课	shàngkè	수업을 시작하다	8과
	上学	shàngxué	등교하다	2과
	鲨鱼	shāyú	상어	3과
	狮子	shīzi	사자	1과
	身后	shēnhòu	뒤쪽	1과
	谁	shéi	누구	1과
	什么	shénme	무엇	12과
	什么时候	shénme shíhou	언제	12과
	时间	shíjiān	시간	11과
	输	shū	지다	7과
	梳头	shū tóu	머리를 빗다	2과
	瘦	shòu	날씬하다	7과
	数	shǔ	(수를) 세다	8과
	刷牙	shuā yá	이를 닦다	2과
	帅	shuài	잘생기다	5과
	双	shuāng	쌍, 벌	4과
	睡觉	shuìjiào	(잠을) 자다	5과
	睡着	shuìzháo	잠들다	12과
	树林	shùlín	숲	3과
	松鼠	sōngshǔ	다람쥐	3과
T	太阳	tàiyáng	해, 태양	1과
	弹钢琴	tán gāngqín	피아노를 치다	10과
	跳房子	tiàofángzi	땅따먹기	6과
	跳绳	tiàoshéng	줄넘기하다	6과
	跳舞	tiàowǔ	춤을 추다	10과
	涂颜色	tú yánsè	색칠놀이하다	6과
	兔子	tùzi	토끼	1과
W	挽	wǎn	(팔짱을) 끼다	6과
	玩彩泥	wán cǎiní	찰흙놀이하다	6과
	玩电脑	wán diànnǎo	컴퓨터를 하다	6과
	玩电子游戏	wán diànziyóuxì	컴퓨터게임을 하다	10과
	玩沙	wánshā	모래 장난(을 하다)	6과
	为什么	wèishénme	왜	7과
	蜗牛	wōniú	달팽이	3과

 저자 소개

○ **김명섭 선생님**

대구교육대학교 졸업
한국교원대학교 대학원 졸업(교육사회 전공)
1988년 ~ 2004년 국내 초등학교 근무
2005년 ~ 2006년 상해 한국학교 근무
2007년 상해교통대학 중국어 어학연수 수료
저서 : 초등 사회과 탐구 교재 《상하이上海의 생활》, 《콰이러쉬에한위
快乐学汉语 1·2·3·4·5·6》《어린이 중국어 리딩북 1·2·3》
現 초등학교 교감

○ **김은정 선생님**

부산외국어대학교 중국어과 졸업
한국외국어대학교 통역번역대학원 석사
2003년 ~ 2004년 부산 경남정보대학 중국어 강의
2005년 ~ 2007년 부산 용호중학교 근무
저서 : 2008년 부산광역시 교육청 중국어 교재
現 상해 한국학교 중국어 교사

○ **이현숙 선생님**

부산대학교 국어교육과 졸업
1987년 ~ 2001년 국내 중학교 근무
2002년 ~ 2004년 상해 화동사범대학 중국어 어학연수
저서 : 초등 사회과 탐구 교재 《상하이上海의 생활》, 모국어 교육을 위
한 교재 《한글사랑》, 《콰이러쉬에한위 快乐学汉语 1·2·3·4·5·6》
《어린이 중국어 리딩북 1·2·3》
前 상해 한국학교 국어과 교사, 중국인을 위한 주말 '상해한글학당'
교사, 서울 영동중, 개원중 교사

○ **예리칭(叶丽清) 선생님**

상해 화동사범대학 대외한어과 졸업
2004년 한국 대전 갑천하 어학원 강사
2005년 상해 신세계진수학교 아이만다린 훈련중심 강사
現 상해 화동사범대학 대외한어과 강사

○ **왕춘잉(王春英) 선생님**

대련외국어대학 졸업
2003년 ~ 2005년 절강성 월수외국어대학 한국어과 교수
現 절강성 수인대학 한국어과 교수, 항주 서울한국어학원 운영

짧은 이야기 예쁜 동시로 배우는
어린이 중국어 리딩북 1

개정판   2025년 4월 25일

저자   김명섭 · 김은정 · 이현숙 · 예리칭 · 왕춘잉
발행인   이기선
발행처   제이플러스
                경기도 고양시 덕양구 향동로 217
전화   영업부 02)322-8320
                편집부 02)3142-2520
팩스   02)332-8321
홈페이지   www.jplus114.com
등록번호   제 10-1680호
등록일자   1998년 12월 9일
ISBN   979-11-5601-280-1

삽화   한지수
녹음   山西运城国兵音乐工作室

값 17,000원
워크북 별매

❶ 两只小狗  🎧 37

你是谁？我是你的影子。
你是谁？我也是你的影子。

你是谁？我是你的好朋友。
你是谁？我也是你的好朋友。

你是谁？我是妈妈的宝贝。
你是谁？我也是妈妈的宝贝。

❷ 一二一二上学去 🎧 38

刷刷牙，上上下下；
洗洗脸，左左右右；
梳梳头，前前后后。
一二一二上学去。

穿上衣服走出门，
太阳公公对我笑，
一二一二上学去。
一二一二上学去。

❸ 地球 — 大家庭 🎧 39

地球是个大家庭。
蓝天，蓝天是白云的家。
树林，树林是小鸟的家。
小河，小河是鱼儿的家。

地球是个大家庭。
蓝天是谁的家呢？蓝天是白云的家。
树林是谁的家呢？树林是小鸟的家。
小河是谁的家呢？小河是鱼儿的家。

1 Liǎng zhī xiǎogǒu   37

Nǐ shì shéi? Wǒ shì nǐ de yǐngzi.
Nǐ shì shéi? Wǒ yě shì nǐ de yǐngzi.

Nǐ shì shéi? Wǒ shì nǐ de hǎo péngyou.
Nǐ shì shéi? Wǒ yě shì nǐ de hǎo péngyou.

Nǐ shì shéi? Wǒ shì māma de bǎobèi.
Nǐ shì shéi? Wǒ yě shì māma de bǎobèi.

2 Yī èr yī èr shàngxué qù   38

Shuāshua yá, shàng shàng xià xià;
Xǐxi liǎn, zuǒ zuǒ yòu yòu;
Shūshu tóu, qián qián hòu hòu.

Chuānshang yīfu zǒu chūmén,
tàiyáng gōnggong duì wǒ xiào,
yī èr yī èr shàngxué qù.
Yī èr yī èr shàngxué qù.

3 Dìqiú – dàjiātíng   39

Dìqiú shì ge dàjiātíng.
Lántiān, lántiān shì báiyún de jiā.
Shùlín, shùlín shì xiǎoniǎo de jiā.
Xiǎohé, xiǎohé shì yúr de jiā.

Dìqiú shì ge dàjiātíng.
Lántiānshì shéi de jiā ne? Lántiān shì báiyún de jiā.
Shùlínshì shéi de jiā ne? Shùlín shì xiǎoniǎo de jiā.
Xiǎohéshì shéi de jiā ne? Xiǎohé shì yúr de jiā.

❹ 给爸爸留一串

葡萄，我和妈妈，坐着吃葡萄。
我吃一颗，妈妈吃一颗。

苹果，我和妈妈，坐着吃苹果。
我吃一个，妈妈吃一个。

草莓，我和妈妈，坐着吃草莓。
我吃一颗，妈妈吃一颗。

西瓜，我和妈妈，坐着吃西瓜。
我吃一个，妈妈吃一个。

❺ 漂亮的宝宝

夜空中是谁在睡觉呢？是小星星在睡觉。
夜空中，小星星。

树林里是谁在睡觉呢？是小鸟在睡觉。
树林里，小鸟。

妈妈的怀抱里是谁在睡觉呢？是我们的宝宝呀。
怀抱里，宝宝。

❻ 好朋友

丁丁和当当一对好朋友。
猜拳、猜拳、猜拳，
跳房子、跳房子、跳房子，
玩沙、玩沙、玩沙，
捉迷藏、捉迷藏、捉迷藏。
手挽手，唱唱歌，快乐每天有。

4 Gěi bàba liú yí chuàn

Pútáo, wǒ hé māma, zuòzhe chī pútáo.
Wǒ chī yì kē, māma chī yì kē.

Píngguǒ, wǒ hé māma, zuòzhe chī píngguǒ.
Wǒ chī yí ge, māma chī yí ge.

Cǎoméi, wǒ hé māma, zuòzhe chī cǎoméi.
Wǒ chī yì kē, māma chī yì kē.

Xīguā, wǒ hé māma, zuòzhe chī xīguā.
Wǒ chī yí ge, māma chī yí ge.

5 Piàoliang de bǎobao

Yèkōng zhōng shì shéi zài shuìjiào ne?
Shì xiǎoxīngxing zài shuìjiào.
Yèkōng zhōng, xiǎoxīngxing.

Shùlín li shì shéi zài shuìjiào ne?
Shì xiǎoniǎo zài shuìjiào.
Shùlín li, xiǎoniǎo.

Māma de huáibào li shì shéi zài shuìjiào ne?
Shì wǒmen de bǎobao ya.
Huáibào li, bǎobao.

6 Hǎo péngyou

Dīngding hé dāngdang yí duì hǎo péngyou.
Cāiquán, cāiquán, cāiquán,
tiàofángzi, tiàofángzi, tiàofángzi,
wánshā, wánshā, wánshā,
zhuōmícáng, zhuōmícáng, zhuōmícáng.
Shǒu wǎn shǒu, chàngchàng gē, kuàilè měitiān yǒu.

❼ 谁会赢呢？

🎧 43

5和0比赛，谁会赢呢？
5赢了还是0赢了？
5赢了。
2和0比赛，谁会输呢？
2输了还是0输了？
2输了。
5和2比赛，谁会赢呢？
5赢了还是2赢了？
2赢了。

❽ 上楼梯，下楼梯

🎧 44

上楼梯，一二三四五六七。
下楼梯，七六五四三二一。
一边走，一边数。

上楼梯，一二三四五六七。
下楼梯，七六五四三二一。
一边数，一边走。

小朋友们一起玩，
上上下下真有趣。
上上下下真有趣。

❾ 寻找秋天

🎧 45

蓝色，秋天是蓝色的。
黄色，秋天是黄色的。
红色，秋天是红色的。
秋天到底是什么颜色的呢？

蓝色，夏天是蓝色的。
黄色，夏天是黄色的。
红色，夏天是红色的。
夏天到底是什么颜色的呢？

7 Shéi huì yíng ne?

5 hé 0 bǐsài, shéi huì yíng ne?
5 yíng le háishi 0 yíng le?
5 yíng le.
2 hé 0 bǐsài, shéi huì yíng ne?
2 shū le háishi 0 shū le?
2 shū le.
5 hé 2 bǐsài, shéi huì yíng ne?
5 yíng le háishi 2 yíng le?
2 yíng le.

8 Shàng lóutī, xià lóutī

Shàng lóutī, yī èr sān sì wǔ liù qī.
Xià lóutī, qī liù wǔ sì sān èr yī.
Yìbiān zǒu, yìbiān shǔ.

Shàng lóutī, yī èr sān sì wǔ liù qī.
Xià lóutī, qī liù wǔ sì sān èr yī.
Yìbiān zǒu, yìbiān shǔ.

Xiǎopéngyoumen yìqǐ wán,
shàng shàng xià xià zhēn yǒuqù.
shàng shàng xià xià zhēn yǒuqù.

9 Xúnzhǎo qiūtiān

Lánsè, qiūtiān shì lánsè de.
Huángsè, qiūtiān shì huángsè de.
Hóngsè, qiūtiān shì hóngsè de.
Qiūtiān dàodǐ shì shénme yánsè de ne?

Lánsè, xiàtiān shì lánsè de.
Huángsè, xiàtiān shì huángsè de.
Hóngsè, xiàtiān shì hóngsè de.
Xiàtiān dàodǐ shì shénme yánsè de ne?

❿ 我会做什么？ 🎧 46

马儿会快快地跑，老虎会快快地跑，
我会做什么呢？

海豚会快快地游，鲸鱼会快快地游，
我会做什么呢？

老鹰会快快地飞，燕子会快快地飞，
我会做什么呢？

⓫ 天天长大 🎧 47

一分钟等于六十秒，一小时等于六十分。
时间一分一秒地走。

一天二十四小时，一年三百六十五天。
时间一分一秒地走。

白天走了黑夜来。白天走了黑夜来。
时间一分一秒地走。

我们也一天天地长大、长高。
我们也一天天地长大、长高。

⓬ 雪地里的小画家 🎧 48

下雪啦！下雪啦！
小鸡，在地上画竹叶，小狗，在地上画梅花，
青蛙为什么没参加？它在洞里睡着啦。

下雪啦！下雪啦！
小鸡，在地上画竹叶，小狗，在地上画梅花，
熊为什么没参加？它在洞里睡着啦。

10 Wǒ huì zuò shénme?

Mǎ'ér huì kuàikuāi de pǎo,
lǎohǔ huì kuàikuāi de pǎo,
wǒ huì zuò shénme ne?

Hǎitún huì kuàikuāi de yóu,
jīngyú huì kuàikuāi de yóu,
wǒ huì zuò shénme ne?

Lǎoyīng huì kuàikuāi de fēi,
yànzi huì kuàikuāi de fēi,
wǒ huì zuò shénme ne?

11 Tiāntiān zhǎngdà

Yì fēn zhōng děngyú liùshí miǎo,
yì xiǎoshí děngyú liùshí fēn.
Shíjiān yì fēn yì miǎo de zǒu.

Yì tiān èrshísì xiǎoshí,
yì nián sānbǎi liùshíwǔ tiān.
Shíjiān yì fēn yì miǎo de zǒu.

Báitiān zǒule hēiyè lái.
Shíjiān yì fēn yì miǎo de zǒu.
Shíjiān yì fēn yì miǎo de zǒu,

Wǒmen yě yì tiāntiān de zhǎngdà, zhǎnggāo.
Wǒmen yě yì tiāntiān de zhǎngdà, zhǎnggāo.

12 Xuědì li de xiǎohuàjiā

Xiàxuě la! Xiàxuě la!
Xiǎojī zài dì shàng huà zhúyè,
xiǎogǒu zài dì shàng huà méihuā,
qīngwā wèishénme méi cānjiā?
Tā zài dòng li shuìzháo la.

Xiàxuě la! Xiàxuě la!
Xiǎojī zài dìshàng huà zhúyè,
xiǎogǒu zài dìshàng huà méihuā,
xióng wèishénme méi cānjiā?
Tā zài dòng li shuìzháo la.